La Vampirata

MIRA CANION

La Vampirata
Chapter photography and cover by Mira Canion
Artwork by David Bruce Bennett
Photography of Colombia by Alan Rex and David
Baumhefner

ISBN 978-0-9836958-0-6

Índice

Nota de la autora

Author at the tomb of Mercy Brown in Exeter, Rhode Island

Vampires and pirates? When I visited the tomb of Mercy Brown, the last alleged vampire in Rhode Island, I stumbled upon lots of fascinating history. Colonial Newport was once a haven for pirates like Blackbeard, Thomas Tew, and Captain Kidd. Piracy brought much wealth to Newport and trade in the Caribbean greatly increased its prosperity. Newport was also a refuge for Spanish and Portuguese Jews who had fled the Spanish Inquisition.

Another bit of history encouraged me to incorporate Cartagena in the Vampirata story I had begun to write: the 1741 failed British attack of Cartagena that included Lawrence Washington, the first U.S. President's half-brother. Cartagena, similar to Newport, was a key seaport for the Spanish export of gold and emeralds. Even today, Colombia produces 60% of the world's supply of emeralds.

So it's time to sail the seas of history and fiction. Hoist the sails and weigh anchor! Read on me hearties! Yo ho!

Mira Canion
Erie, Colorado
www.miracanion.com

La Vampirata

CAPÍTULO UNO

Vampira

–¡**V**ampira! ¡Sara es vampira! –exclamó un grupo de chicos y chicas.

Sara toleraba muchos insultos y comentarios crueles. No era una chica aceptada en la comunidad. Sara siempre se defendía, porque era una chica persistente. Pero estaba cansada de defenderse. Quería ser aceptada y respetada.

–¡No, no soy vampira! –respondió Sara.

–Sí, eres vampira. Tienes dos dientes largos. Tienes dientes de vampiro –dijo un chico.

Los chicos miraban mucho los dientes de Sara. Ella quería ser invisible. Tenía dos dientes especialmente largos. Los dientes eran largos como los de una serpiente. Sara tenía otros aspectos físicos que se parecían a los de los vampiros.

–Y tu piel blanca se parece a la piel de un vampiro –comentó un chico.

–Y siempre caminas por la noche –dijo una chica.

–¿Qué importa? –respondió Sara muy enojada.

Sara era muy vulnerable. Se defendió porque quería ser aceptada.

–¡Eres vampira! –repitió el chico.

–¡No, no soy vampira! –insistió Sara.

–Sí. Siempre caminas por la noche –comentó el chico.

–¿Y? –respondió Sara.

–Por la noche tú chupas la sangre de tus víctimas –dijo el chico firmemente.

Sara miró fríamente al chico, porque él mencionó el evento trágico. Cuando el evento ocurrió, era de noche y Sara estaba caminando por el jardín. Una persona la descubrió con un perro muerto en el jardín. La causa de la muerte del perro fue un misterio. Había sangre en el cuello del perro y Sara tenía sangre en las manos.

Sara insistió en que era inocente pero la comunidad concluyó que ella era responsable de la muerte inexplicable. La mamá de Sara dijo que Sara caminaba mientras dormía.

–¡Vampira! ¡Vampira! –exclamaron los chicos.

–¡No! ¡No! –repitió Sara y caminó rápidamente hacia su casa.

Newport, Rhode Island

CAPÍTULO DOS

Esmeralda

NEWPORT, RHODE ISLAND

1741

Muchas comunidades en las colonias de Nueva Inglaterra eran intolerantes. En Newport había tolerancia religiosa. Pero en un aspecto Newport era intolerante: con los vampiros.

Newport estaba en una isla de Rhode Island. Era un puerto muy importante para la economía de Nueva Inglaterra. Oficialmente no se permitían las relaciones comerciales con los españoles. Los piratas eran importantes en la economía de Newport. Los piratas establecieron relaciones ilegales con los territorios españoles: el Caribe, Centroamérica y Suramérica.

Sara quería ser invisible, pero era imposible ser invisible en Newport. Todos los habitantes sabían que Sara se parecía a un vampiro. Realmente Sara era normal. Tenía el pelo largo y los ojos negros. Era una chica seria. Tenía diecisiete años. Era sociable pero no tenía muchos amigos.

Cuando Sara entró en su casa, su mamá no estaba. Fue a su dormitorio para pensar. Pensaba mucho en los comentarios crueles de los chicos. Cuando su mamá entró en la casa Sara no dijo nada porque quería estar sola. Su mamá, Rebeca, pensaba que Sara no estaba en casa y fue a la cocina. Unos minutos después el tío de Sara entró abruptamente en la casa.

–Lucas, ¿estás otra vez en Newport? –exclamó Rebeca.

–Sí, hermana. Quiero hablar contigo. ¿Estás sola en casa? –dijo Lucas.

–Sí. Sara no está –respondió Rebeca.

–¡Bien! –exclamó Lucas.

–¿Qué quieres ahora? –preguntó Rebeca.

–Un favor –respondió Lucas.

Secretamente Sara observaba a su tío y a su mamá conversando en la cocina. Sara tenía curiosidad por escuchar la conversación porque normalmente su mamá no toleraba a su tío porque era pirata. Su tío se llamaba Lucas López y era un pirata famoso en el

Caribe. Sara no toleraba a Lucas porque era egoísta, deshonesto y agresivo. Era un hombre alto con el pelo largo y negro. Siempre planeaba aventuras para tener más dinero.

–Quiero que escondas una esmeralda
–explicó Lucas.

–¿Esconder una esmeralda? ¿Por qué yo?
–preguntó Rebeca.

–Porque eres mi hermana. Por favor, no tengo mucho tiempo –respondió Lucas.

Rebeca miró a su hermano y empezó a pensar en la historia de su familia. Originalmente su familia era de España. Cuando empezó la Inquisición española, un plan para eliminar a los judíos, su familia escapó a Ámsterdam porque era judía. En Ámsterdam había tolerancia religiosa. En 1647, una comunidad judía se estableció en Newport, Rhode Island. También el esposo de Rebeca, Samuel Gómez, era originalmente de España y fue a Ámsterdam y después a Newport.

–Hermana, por favor. Tengo más problemas. Los piratas me buscan porque yo les robé la esmeralda –explicó Lucas.

–¿Piratas? ¿Los piratas te buscan? Pero tú eres pirata –exclamó Rebeca.

–Hermana, por favor. Ayúdame –insistió Lucas.

Rebeca empezó a pensar en los piratas. No toleraba a los piratas porque hacía ocho meses, su esposo y su hijo fueron con Lucas para atacar Cartagena, Colombia. Pero no regresaron a Newport.

–¿Por qué quieren los piratas la esmeralda? –preguntó Rebeca.

–La esmeralda es mágica. Permite acceso al Templo del Jaguar –explicó Lucas.

–¿Templo del Jaguar? –exclamó Rebeca.

–Está en Colombia, a poca distancia de Cartagena. Ahí está mi amigo, Tomás González. Tiene una casa en Cartagena. Tomás sabe donde está el Templo –dijo Lucas.

Rebeca no quería ayudar a su hermano. Pero siempre había ayudado a Lucas porque era su hermano. Rebeca le preguntó:

–¿Por qué es especial el Templo?

–La persona que entra en el Templo con la esmeralda, puede transformar un aspecto físico o mental de sí mismo –explicó Lucas.

–¿En serio? ¿Un aspecto? –preguntó Rebeca.

–Los ojos, las piernas, la memoria, la inteligencia. Todo se puede transformar. Yo quiero tener una

memoria perfecta –explicó Lucas.

Ahora Rebeca tenía curiosidad por ver la esmeralda. Dramáticamente Lucas le presentó la esmeralda. Era una esmeralda espectacular. Tenía un color verde muy intenso. Rebeca tomó la esmeralda y la admiró.

–Es un anillo –comentó Rebeca mientras se puso el anillo en el dedo.

–La esmeralda…es preciosa –dijo Lucas.

–Sí, es preciosa –respondió Rebeca admirando la esmeralda.

–Ayúdame, hermana. Esconde la esmeralda –insistió Lucas.

–Está bien. Siempre te ayudo porque eres mi hermano –dijo Rebeca.

–Gracias hermana –exclamó Lucas.

Pasaron cinco segundos cuando tocaron a la puerta. Rebeca se puso nerviosa y le preguntó:

–¿Son los piratas?

–No tengo idea, pero tengo que escapar –respondió Lucas.

Lucas escapó por la puerta de la cocina mientras Rebeca escondió la esmeralda entre unas flores. Y Sara observó todo.

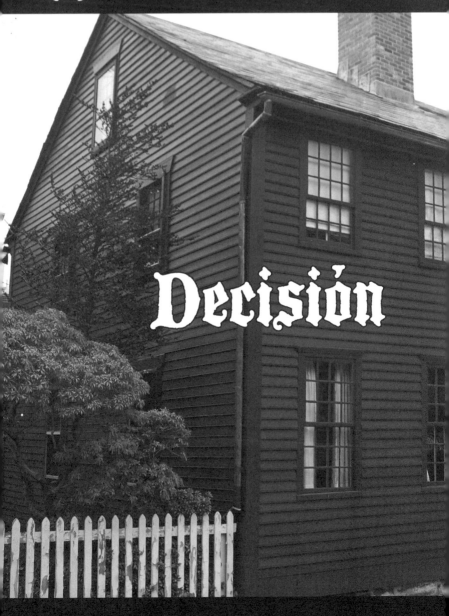

CAPÍTULO TRES

Decisión

Cuando Rebeca abrió la puerta vio a un hombre de la comunidad. El hombre estaba muy nervioso. Rebeca salió de la casa para hablar con él.

–Su hija, Sara, tiene que escaparse de Newport. ¡Ahora! –dijo nerviosamente el hombre.

–¿Qué? ¿Por qué? ¿Qué pasó con mi hija? –preguntó Rebeca.

–Muchos piensan que su hija es vampira y causó la muerte del perro en el jardín –explicó el hombre.

–No comprendo nada. Mi hija no causó la muerte. Es inocente –respondió Rebeca.

–La comunidad actúa irracionalmente ahora. La muerte no tiene explicación. Sara tiene que escapar de Newport –insistió el hombre.

Otra vez Sara escuchó al hombre hablando con su mamá. Sara quería tomar la esmeralda y escapar a Colombia. Secretamente Sara caminó hacia la esmeralda y la agarró. La admiró mucho, porque era espectacular.

–¡Sara! ¡Estás aquí! –dijo Rebeca.

Con rapidez Sara escondió la esmeralda en la mano y miró a su mamá.

–Sí, estoy aquí –respondió Sara.

–Quiero hablar contigo –comentó nerviosamente Rebeca.

–Ahora no. Quiero dormir porque estoy muy cansada –dijo deshonestamente Sara.

–Hablemos después –dijo Rebeca.

Sara fue a su dormitorio para esconder la esmeralda. Con precisión ató la esmeralda en su pelo para esconder perfectamente la esmeralda. Después se preparó para escapar. Sara planeó subir a un barco y escapar de Newport.

Mientras Sara observó Newport por la ventana, pensó en muchas experiencias buenas. De repente vio a un grupo de hombres caminando con antorchas hacia la casa. Sara sentía pánico pero pensó en escapar por el árbol al lado de la casa. Cuando los hombres tocaron a la puerta, Sara salió por la ventana de su dormitorio. Luego bajó por el árbol y corrió rápidamente hacia el puerto.

–¡Alerta! ¡La chica se está escapando! –exclamó

un hombre.

Sara corrió a toda velocidad hacia unos árboles. Luego se escondió detrás de un árbol grande. Aunque no vio a nadie, tenía la sensación de que un hombre la estaba observando. ¡Crac! ¡Crac! Sara no estaba sola. Un hombre estaba detrás de ella y la observaba. Sara no se movió porque no sabía dónde estaba el hombre.

–Vampira –dijo el hombre misteriosamente.

Sara no respondió pero otra vez el hombre dijo:

–Vampira, yo sé que estás aquí.

De repente el hombre le agarró a Sara del brazo. Con un instinto violento, Sara le mordió la mano del hombre.

–¡Huy! ¡Es verdad! ¡Eres vampira! –gritó el hombre agarrando la mano.

Sara empezó a correr hacia el puerto. Cuando llegó al puerto, vio un barco espectacular. Tenía una elegancia notable por varias decoraciones. Inmediatamente Sara subió al barco. No vio a nadie a bordo. Luego buscó dónde esconderse. Exploró silenciosamente el barco. Encontró un espacio grande que tenía varias hamacas. Se escondió detrás de unas hamacas y de un barril grande.

Aunque tenía miedo estaba feliz porque había

Barriles

escapado. Estaba muy cansada. Después de unos minutos Sara se durmió profundamente. Pero había un problema. En realidad Sara no había escapado. Al contrario: se había subido al barco del enemigo.

CAPÍTULO CUATRO

Enemigo

NEWPORT, RHODE ISLAND

—¡Al barco! ¡Lucas se está escapando! –gritó el capitán de los piratas.

Todos los piratas corrieron hacia el barco. Se subieron al barco y con rapidez empezaron a preparar el barco para salir de Newport. Todos habían buscado a Lucas López por todo Newport, porque Lucas les había robado la esmeralda.

El capitán pirata se llamaba Rafael Torres y era extremamente bajo. No tenía pelo. Se parecía a un niño pequeño. Quería la esmeralda para transformarse en un hombre alto. Estaba muy enojado con Lucas porque le había robado la esmeralda. Pero Rafael siempre estaba enojado. Era explosivo y agresivo.

–¡Vamos! ¡Rápido! ¡Prepárense! –gritó el Capitán Rafael Torres.

Había muchos piratas en barco corriendo y preparando el barco para salir. Cuando el barco salió del puerto, ya era muy tarde. Aunque no vieron el barco de Lucas navegaron hacia Colombia buscando a Lucas López.

Después de unas horas muchos piratas se durmieron. Luego, cuando había tranquilidad por todo el barco, Sara cometió un error. Se levantó y empezó a caminar mientras dormía.

CAPÍTULO CINCO

Me mordió

Tranquilamente Sara caminó por el barco mientras dormía. Había dos piratas caminando por el barco.

–¡Huy! ¡Mira! ¡Un fantasma! –gritó Pepe, un pirata tonto.

–Es vampira. Mira qué dientes tan largos y qué piel tan blanca tiene –respondió el otro pirata que se llamaba Daniel.

–¡Huy! ¿Vampira? –exclamó Pepe.

–Chupa la sangre –explicó Daniel.

–¿Chupa la sangre? –respondió nerviosamente Pepe.

Pepe era un pirata tonto pero feliz. Tenía el pelo corto y los ojos grandes. Era un hombre pequeño. Tenía solamente ocho dedos a causa de un accidente.

Daniel era muy gracioso y no tomaba nada muy en serio. Era alto y tenía el pelo largo y negro. Cuando vio a Sara, sintió mucha curiosidad. Se tocó graciosamente el cuello y gritó a Sara:

–Vampira, ¿quieres chupar mi sangre?

–¡Sangre! ¡Sangre! –repitió Pepe.

Sara caminaba lentamente hacia los piratas. Otra vez Daniel dijo:

–Vampira, ¿quieres chuparme la sangre del cuello?

–Sí, ¿quieres chuparme la sangre del cuello? –repitió Pepe.

–Mi sangre es más deliciosa que los tomates –comentó graciosamente Daniel.

–Sí, tomates –dijo Pepe.

Mientras Sara dormía, escuchó los insultos de Newport. Se enojó y caminó hacia Pepe. De repente mordió el cuello de Pepe.

–¡Huy! ¡Vampira! ¡Vampira! –exclamó Pepe.

Mientras Pepe se tocó dramáticamente el cuello, todos los piratas se levantaron y fueron a investigar por qué Pepe estaba gritado. Cuando vieron a Sara, tuvieron miedo. Pepe se tocó el cuello, que tenía un poco de sangre, mientras Sara lo miró en silencio.

–¡Huy! ¡Vampira! ¡Vampira! ¡Me mordió el cuello! –gritó Pepe.

Los piratas miraron a Sara, especialmente sus dientes largos y su piel blanca. Estaban curiosos de ver a un vampiro. Daniel le agarró a Sara de los brazos. Por fin Sara vio que estaba capturada por un grupo de piratas. No sabía que había mordido el cuello de Pepe.

–¡Huy! Me mordió –repitió Pepe.

–¿Tienes miedo a una chica? –concluyó Marta, una mujer pirata.

Todos los piratas se rieron de Pepe. También Marta se rió de Pepe. Marta era una mujer pirata. Tenía el pelo largo y los ojos sinceros. Hablaba con autoridad y era respetada.

–¡Pero me mordió! –exclamó Pepe.

Otra vez Marta se rió de Pepe. Marta había estado a bordo del barco muchos meses con piratas repulsivos. Estaba feliz de tener otra a mujer a bordo del barco. En ese momento el Capitán Rafael Torres llegó.

–¿Qué pasa aquí? –preguntó Rafael.

–¿Un enano? –dijo Sara mirando curiosamente al capitán.

Rafael sacó la espada y le puso en la garganta a Sara.

–¡Cállate! ¡Soy el capitán y me vas a respetar! –respondió Rafael.

–Cálmate, Rafael –insistió Marta.

–¿Cómo es posible que estés a bordo de mi barco? ¿Por qué estás aquí? –preguntó Rafael más calmado.

–Yo quería escapar de Newport –respondió sinceramente Sara.

–¿Por qué? –preguntó curiosamente Rafael.

–Soy vampira y la comunidad de Newport no tolera a vampiros –explicó Sara para no mencionar la esmeralda.

–¿Cómo te llamas? –continuó Rafael.

–Sara Gómez –respondió Sara.

Cuando escuchó Gómez Marta pensó en su familia que se llamaba Gómez. Marta dijo a Rafael:

–Es una buena idea tener una vampira a bordo. Muchas personas tienen miedo a los vampiros.

–Tienes razón, Marta. Tienes mucha razón –respondió Rafael.

Daniel exclamó graciosamente:

–Ella no es vampira. ¡Es vampirata!

–¡Vampirata! ¡Vampirata! –gritaron los piratas una y otra vez.

Sara estaba muy feliz. Por fin ella era una persona aceptada y respetada aunque por razones negativas.

El barco de Rafael Torres

CAPÍTULO SEIS

Mi familia

Marta quería saber más de la familia de Sara, porque su mamá también se llamaba Gómez. Entonces fue a hablar con Sara.

–¿Cómo se llama tu papá? –preguntó Marta.

–Samuel Gómez –respondió Sara.

–¿De dónde es? –continuó Marta.

–De Ámsterdam. ¿Por qué? –respondió Sara.

–Mi familia también es de Ámsterdam. Mi mamá se llama Raquel Gómez –explicó Marta.

–¿Tú y yo somos primas? –preguntó felizmente Sara.

–Es posible –respondió Marta.

Entonces Marta se puso feliz. Consideró a Sara parte de su familia.

–¿Por qué eres pirata? –preguntó Sara.

–Yo fui con mi papá al Caribe. Unos piratas capturaron el barco y yo decidí ser pirata –explicó Marta.

–¿Quieres ser pirata? –preguntó Sara.

–No, pero me gusta la aventura. Y no hay muchas opciones para mujeres. Solamente formar una familia –dijo Marta.

–¿Y tu relación con Rafael? –preguntó Sara.

–Rafael piensa que soy su amiga pero realmente lo detesto –explicó Marta.

Sara sintió admiración por Marta por sus experiencias.

–También estoy aquí porque no tenía otras opciones. Escapé de las opiniones y los comentarios crueles. Soy fea –explicó Sara.

–No eres fea. Eres un Gómez, parte de mi familia. Eres inteligente y valiente –respondió Marta.

–Soy fea. Quiero transformarme en una chica atractiva –dijo Sara.

–La opinión no representa la realidad –explicó Marta.

–Pero para mí, la opinión es mi realidad. Todos piensan que soy vampira entonces soy vampira –concluyó Sara.

–No sé si eres vampira o no, pero ahora tienes que ser vampirata –determinó Marta.

Daniel vio el barco de Lucas

CAPÍTULO SIETE

Chupar la sangre

OCÉANO ATLÁNTICO

Daniel vio el barco de Lucas López y gritó a Rafael:

–¡Capitán Torres! ¡El barco de Lucas! –dijo Daniel.

–¡Excelente! Prepárense para atacar. No maten a Lucas porque sabe dónde está la esmeralda –respondió Rafael mirando el barco.

Un instante después Rafael caminó hacia Sara y le dijo:

–Sara, tienes que actuar como vampira. Vamos a atacar el barco, pero no vamos a matar a nadie

–explicó Rafael.

Otra vez Sara se puso nerviosa porque los piratas estaban hablando de Lucas y de la esmeralda. A Sara no le gustaba la situación. Tenía un dilema. Sabía que Lucas, su tío, no pensaba que era vampira. También sabía que Lucas no tenía la esmeralda.

–No tengas miedo –dijo Marta.

Los piratas se prepararon para atacar. Agarraron sus espadas y pistolas. Sara fue con Rafael mientras los piratas se escondieron en el barco. Rafael se escondió detrás de Sara.

Cuando el barco de Rafael estaba al lado del barco de Lucas, los piratas de Lucas solo podían ver a una persona: la vampirata. Sara repitió varias veces:

–Quiero chuparte la sangre. Quiero chuparte la sangre.

Todos los piratas de Lucas le tenían miedo a Sara. Un instante después los piratas de Rafael abordaron el barco de Lucas y atacaron a los piratas de Lucas. Rafael también abordó el barco y corrió hacia Lucas. Muy rápido Lucas sacó la espada y empezó a atacar a Rafael.

Lucas no tenía miedo porque era mucho más alto que Rafael. De repente la espada de Rafael golpeó el brazo de Lucas. La espada de Lucas se cayó y Rafael le puso la espada en la garganta a Lucas. Rafael dijo:

–Quiero la esmeralda.

–¿Por qué quiere un enano la esmeralda? –preguntó Lucas.

–No me insultes. ¿Dónde está? –gritó Rafael.

Aunque Lucas estaba atrapado no le respondió. Rafael le dijo a Sara:

–Chupa la sangre de ese idiota.

Con precaución Sara caminó hacia su tío, Lucas. Tenía que actuar como una vampira. Lucas se dio cuenta de que era Sara. Dramáticamente Sara le agarró del cuello a Lucas con la mano y exclamó:

–Quiero chupar tu sangre.

–Quiero la esmeralda –dijo Lucas para que Rafael no escuchara nada.

–Actúa como una víctima y recibirás la esmeralda –respondió Sara.

Como dos buenos actores Sara y Lucas actuaron como una vampira y su víctima. Lucas empezó a gritar:

–¡No! ¡No! ¡No me chupes la sangre! ¡Sé donde está la esmeralda!

–¿Dónde está la esmeralda? –preguntó Rafael.

–Cartagena, Colombia. Pero no me mates porque yo sé exactamente donde está –dijo Lucas.

–Perfecto. Vamos a Cartagena –respondió Rafael.

–¿Cartagena? No quiero ir a Cartagena –exclamó Pepe.

Todos los piratas se pusieron nerviosos, porque habían escuchado historias sobre la increíble defensa de Cartagena. Hace un mes 23.600 hombres atacaron Cartagena. Tenían 186 barcos. El comandante de Cartagena se llamaba General Blas de Lezo y defendió Cartagena con seis barcos y menos de 6.000 hombres.

–El General Blas de Lezo defendió Cartagena. Solamente tiene un ojo, un brazo y una pierna –comentó Daniel.

–¡Blas tiene un ojo, un brazo y una pierna! No es posible entrar en Cartagena –insistió Pepe.

–¡Cállate si tú no quieres tener un ojo, un brazo y una pierna también! ¡Vamos a Cartagena! –le gritó Rafael a Pepe.

–¡Vamos a Cartagena! –exclamó Lucas.

–Y tú vas directamente a la prisión del barco –respondió Rafael.

La fortaleza de Cartagena con el General Blas de Lezo

La Española (República Dominicana)

CAPÍTULO OCHO

Isla de oportunidad

El barco de Rafael navegó muchos días en el Caribe. Rafael decidió ir al norte de la isla La Española, una isla entre Cuba y Puerto Rico. Los piratas necesitaban más agua fresca. Para Sara era la oportunidad de escapar del barco. Sara estaba nerviosa porque tenía la esmeralda. Pensaba que Lucas sabía que ella tenía la esmeralda. No tenía la intención de darle a Lucas la esmeralda. Entonces Sara fue a hablar con Marta. Sara le dijo:

–Escápate conmigo. Yo tengo la esmeralda mágica.

–¿En serio? ¿Tienes la esmeralda? –respondió Marta.

–Sí, y Lucas sabe que la tengo –explicó Sara.

–Excelente. Sí, vamos a escapar a Cartagena –determinó Marta.

Planearon escapar con la esmeralda. Marta tomó dinero del barco. Marta y Sara fueron con un grupo de piratas a la isla. Fueron en dos botes. Cuando llegaron a la isla Marta y Sara fueron a caminar. Caminaron entre las palmeras y empezaron a escapar de los piratas.

Después de muchas horas los piratas se dieron

El Caribe

cuenta de que las dos mujeres no estaban con el grupo. Las buscaron durante muchas horas, pero no las encontraron. Regresaron en los botes al barco pirata sin las mujeres.

Cuando llegaron al barco Daniel y Pepe no le informaron a Rafael que las mujeres no habían regresado con ellos. Daniel y Pepe fueron a la prisión del barco para ayudar. Cuando estaban en la prisión, Pepe preguntó a Daniel:

–¿Vamos a Cartagena sin las mujeres?

–Sí. La esmeralda está en Cartagena, ¿verdad Lucas?

–comentó Daniel a Lucas, que estaba en la prisión.

–¿Las mujeres no están a bordo? –gritó Lucas.

–¿Qué importa? –preguntó Daniel.

–Importa mucho. Quiero hablar con Rafael –insistió Lucas.

Rafael fue a hablar con Lucas en la prisión.

–La vampirata tiene la esmeralda –le informó Lucas.

–¿Qué? ¿Por qué no mencionaste nada de la vampirata? –preguntó Rafael.

–La esmeralda estaba todo el tiempo aquí en tu barco –se rió Lucas.

–¡Cállate! –gritó Rafael muy enojado mientras sacaba la espada.

–¡No me mates! Yo sé adónde va a ir la vampirata –respondió Lucas.

CAPÍTULO NUEVE

Barco comerciante

Marta y Sara caminaron durante muchos días y llegaron a Santo Domingo, el puerto más grande de la isla La Española. Caminaron por Santo Domingo. A Sara le gustaba ver las casas grandes porque eran muy diferentes a las casas que había en Newport. Tenían ventanas y puertas enormes. Pasaron por una catedral y una fortaleza al lado del puerto.

Cuando llegaron al puerto encontraron un barco comerciante que iba a Cartagena. Más tarde se subieron al barco comerciante. Unas horas después los piratas de Rafael llegaron a Santo Domingo. Se dieron cuenta de que las mujeres ya habían escapado hacia Cartagena. De inmediato salieron para atrapar a Marta y a Sara.

No había pasado mucho tiempo cuando los hombres a bordo del barco comerciante vieron un barco pirata. Tenían mucho miedo. Era el barco de Rafael. Marta les explicó a los hombres que los piratas las buscaban. Marta y Sara prepararon un bote para escapar a una isla desierta. Informaron a los hombres comerciantes que iban a escapar en el bote.

El Capitán Rafael y sus piratas se prepararon para atacar. Rafael gritó:

–¡Quiero la esmeralda! ¡Pero no maten a la vampirata! Sabe dónde está la esmeralda.

–Sí capitán –respondieron los piratas.

Abordaron el barco comerciante y buscaron a Marta y Sara por todas partes. Como no las encontraron, Rafael sacó su espada y preguntó:

–¿Dónde están las dos mujeres? Una mujer se parece a un vampiro.

–No hay mujeres aquí –respondió uno de los hombres comerciantes.

–No es posible. ¿Dónde están? –gritó Rafael.

–Fueron hacia la isla desierta. En bote –respondió nerviosamente el hombre.

Todos los piratas miraron hacia la isla desierta y vieron el bote en el horizonte con dos mujeres a bordo. El bote estaba frente a la isla.

–¡La vampirata! –exclamó Pepe.

–¡Qué estúpidas mujeres! Van a una isla desierta –dijo Rafael.

Los piratas regresaron a su barco mientras el barco comerciante navegó hacia Cartagena. Rafael gritó:

–¡Preparen un bote! ¡Vamos a la isla!

Con rapidez Rafael, Lucas y tres piratas fueron hacia la isla desierta. Cuando llegaron al bote se dieron cuenta de que Marta y Sara no estaban en el bote. Había dos barriles.

–¡Idiotas! ¡Ellas escaparon! –gritó Rafael.

–Ellas van a buscar a Tomás –comentó Lucas.

–¿Tomás González? –respondió Rafael.

–Sí. Tomás sabe donde está el Templo –explicó Lucas.

–¿Y ahora me lo dices? –gritó Rafael sacando su espada.

–No me mates. Yo sé donde está Tomás –insistió Lucas.

Regresaron al barco pirata y después navegaron hacia Cartagena. Rafael estaba enojado con Marta y Sara, porque ellas lo humillaron.

Balcones de Cartagena

CAPÍTULO DIEZ

Tomás

CARTAGENA, COLOMBIA

Marta y Sara estaban impacientes por llegar a Cartagena. Sabían que Rafael iba a estar muy enojado con ellas. Cuando el barco comerciante llegó al puerto de Cartagena, fueron a toda velocidad a buscar a Tomás González.

Cartagena era un puerto muy importante para los españoles. No era nada parecido a Newport. Se parecía a Santo Domingo. Las casas tenían balcones pequeños donde las personas conversaban y observaban a otras personas caminando por las calles. Había patios en medio de las casas y mucha vegetación tropical por todas partes: palmeras, plantas y flores. Cartagena tenía un clima muy húmedo.

Los españoles transportaban esmeraldas, rubíes y metales preciosos de Cartagena a España. Era un puerto muy rico y por eso muchos piratas habían atacado el puerto. Hacía muchos años, los españoles habían construido una fortaleza enorme para defenderse de los piratas.

Marta y Sara pasaron por varias calles. Preguntaron a varias personas por dónde estaba la casa de Tomás. Por fin encontraron a Tomás González en su casa.

Tomás tenía el pelo muy largo, la nariz grande y los ojos poco sinceros. Parecía a un hombre deshonesto porque tenía una energía negativa. Tomás les preguntó:

—¿Qué quieren?

—Queremos ir al Templo del Jaguar —respondió Marta.

—¿Por qué quieren ir al Templo? —preguntó Tomás.

—Mi tío, Lucas López, me dijo que el Templo es espectacular. También me dijo que tú sabías donde estaba el Templo —le explicó Sara.

—¿Dónde está Lucas? —preguntó Tomás.

—Los piratas lo capturaron —comentó Sara.

Tomás era vanidoso y egoísta. Quería saber quién tenía la esmeralda. Respondió:

—Entonces los piratas también están buscando el Templo, porque tienen la esmeralda, ¿no?

—Queremos ir ahora porque tenemos la esmeralda —explicó firmemente Marta.

—Tienen la esmeralda. Excelente. Vamos al Templo —respondió Tomás.

Tomás se preparó para ir al Templo mientras Marta y Sara hablaban en el balcón. De repente Marta vio a Pepe caminando con Daniel por la calle.

—La casa de Tomás está en esta calle —dijo Daniel.

—¿Por qué buscamos a Tomás? —preguntó Pepe.

–Porque Tomás sabe donde está el Templo –respondió Daniel.

Marta y Sara se escondieron en el balcón detrás de unas flores y observaron a Daniel y a Pepe caminando. Cuando ellos estaban directamente frente al balcón Daniel dijo:

–La casa de Tomás está aquí.

Con mucha precisión Marta y Sara lanzaron dos plantas del balcón hacia ellos. Las plantas golpearon a Daniel y a Pepe en la cabeza. Pepe empezó a caminar lentamente en círculos.

–La calle se mueve mu...mu...mucho –dijo Pepe y cayó al suelo.

–¡Pepe! ¿Dónde es...es...estás? –preguntó Daniel también cayéndose.

Con rapidez Marta y Sara fueron a la cocina para hablar con Tomás. Él estaba preparado para salir al Templo.

–¿Ya están preparadas para salir? –les preguntó Tomás.

–Sí, ¡vamos! –respondió Marta pensando en los dos piratas.

Todos salieron por la puerta de la cocina y caminaron hacia el Templo.

CAPÍTULO ONCE

Selva

Rafael estaba todavía en el barco. Estaba impaciente.

–¿Dónde están Daniel y Pepe? –gritó Rafael–. ¿Los dos tontos no encontraron a Tomás?

–¿Todo en orden?, Capitán Enano –le preguntó Lucas a Rafael.

–¡Cállate! Nadie te pidió tu opinión –respondió Rafael.

Rafael sacó la espada. Le puso la espada en la garganta mientras golpeó a Lucas en la pierna. Lucas cayó al suelo inmediatamente y Rafael le insultó:

–Ahora soy yo, el hombre alto. ¡Preparen el bote! ¡Vamos a entrar a Cartagena! –ordenó Rafael a sus piratas.

En secreto Rafael, Lucas y tres piratas entraron a Cartagena. Fueron a la casa de Tomás. Encontraron a Daniel y a Pepe frente a la casa. Un hombre, caminando por la calle, les dijo a los piratas:

–Hace cinco minutos Tomás y dos mujeres fueron hacia la selva.

–¿Por dónde fueron? –preguntó Rafael.

El hombre indicó por donde salieron ellos. Rafael y sus piratas empezaron a caminar detrás de Tomás y las mujeres.

Tomás, Marta y Sara habían caminado muchas horas por la selva cuando tuvieron que cruzar un río grande. Había muchas plantas y árboles al lado del río. La vegetación parecía parte del río.

Empezaron a cruzar el río. Tomás siempre estaba con las dos mujeres porque quería saber quién tenía la esmeralda. Cuando cruzaban el río Sara tuvo la sensación de que algo le tocó la pierna. Sara miró a Tomás, pero Tomás no le había tocado la pierna. Una serpiente le había tocado la pierna y ahora agarró a Marta.

Marta empezó a gritar mucho y mover los brazos. Entonces Sara se dio cuenta de que una serpiente había agarrado a Marta. Era una anaconda, una de las serpientes más grandes en la región.

Sara nadó hacia Marta para salvarla. Estaba desesperada por salvar a ella. Mordió a la serpiente directamente detrás de la cabeza. Varias veces mordió a la serpiente y por fin Marta escapó de la serpiente. Sara le agarró a Marta del cuello y empezó a nadar hacia la orilla del río. Cuando llegaron a la orilla estaban tan cansadas que cayeron al suelo. Sara estaba en la orilla boca abajo cuando sintió una mano en su pelo y un cuchillo en la garganta.

–¡Dame la esmeralda! –exclamó Tomás.

–¡Animal! ¡Si me matas no vas a saber dónde está la esmeralda! –gritó Sara.

Cuando Tomás violentamente le agarró a Sara del pelo, se dio cuenta de que la esmeralda estaba atada al pelo. Cortó la esmeralda del pelo. Pasó muchos minutos admirándola. De repente Rafael y sus piratas estaban directamente detrás de él. Rafael le puso un cuchillo en el estómago a Tomás y le ordenó:

–¡Dame la esmeralda!

Tomás se dio cuenta de que era Rafael. Le insultó:

–Eres tú, enano.

–Tú y Lucas me robaron la esmeralda –respondió Rafael.

–Correcto, enano –dijo Tomás.

–¡Cállate! Nadie te pidió tu opinión. ¡Me robaron la esmeralda! –exclamó Rafael.

–¡No más, Tomás! –se rió Daniel de Tomás.

Daniel y Pepe le pusieron los cuchillos en la garganta a Tomás. Lentamente Tomás le dio la esmeralda a Rafael. Por fin Rafael tenía la esmeralda en las manos. Estaba muy feliz. Le dijo a Tomás:

–¡Vamos al Templo!

–¿Y yo no recibo nada? –exclamó Tomás.

–Me puedes ver transformado en un hombre alto –respondió Rafael.

Escaleras

Jaguar

LA SELVA DE COLOMBIA

Todos los hombres caminaron hacia el Templo. No se dieron cuenta de que Marta y Sara caminaban detrás de ellos. Todos cruzaron ríos pequeños y pasaron por vegetación densa. Bajaron y subieron las montañas. Por fin llegaron a unas escaleras muy altas. Había más de 1.000 escalones. Había muchas plantas y árboles al lado de las escaleras. Llegaron al área del Templo.

Rafael estaba tan feliz que empezó a subir de inmediato las escaleras.

–¡Ojo! Los indígenas son violentos –gritó Tomás.

–¿Los indígenas? –preguntó Pepe.

–Son violentos y defienden su territorio –explicó Tomás.

–Y matan a los piratas tontos –se rió Daniel.

–¡Qué ridículo! Yo no tengo miedo –respondió Rafael.

A toda velocidad Rafael subió las escaleras porque quería transformarse en un hombre alto. Lucas, Daniel y Pepe subieron detrás de Rafael. No subieron muy rápido porque había mucha humedad.

Por fin subieron todos los escalones y vieron un área espectacular. Había más de 160 terrazas. También había plazas y el Templo del Jaguar. El Templo era pequeño y tenía diez escalones. Se parecía a una cabeza grande de jaguar.

Rafael, Lucas, Daniel y Pepe admiraron el Templo. De repente unas plantas se movieron. Daniel y Lucas se escondieron detrás de un árbol, mientras Pepe se escondió detrás de Rafael aunque Rafael era muy bajo. Rafael se enojó y sacó la espada.

–¿Qué haces, tonto? –gritó Rafael.

–Tengo miedo –respondió Pepe.

–¿Miedo de qué? ¿De las plantas? –le preguntó Rafael.

–Tengo miedo de... –dijo Pepe sin terminar de hablar.

De repente una flecha entró en el estómago de Rafael. Era la flecha de los indígenas taironas.

–...las flechas. Tengo miedo de las flechas –continuó Pepe escondiéndose detrás de Rafael.

Lucas corrió hacia Rafael y tomó la esmeralda. A toda velocidad corrió hacia un árbol para esconderse. Otra vez los indígenas taironas lanzaron flechas. Una flecha le entró a Lucas por el brazo y la esmeralda cayó al suelo.

Sara y Marta vieron toda la acción. Aunque Sara no toleraba a Lucas, ella corrió hacia él. Tomó la esmeralda y miró a Lucas para ver si él estaba bien.

–¡Dame la esmeralda! ¡Es mía! –le gritó Lucas a Sara.

–¡Es mía! –insistió Sara.

–¡Dame la esmeralda! –repitió Lucas.

Con rapidez Lucas agarró del brazo a Sara para tomar la esmeralda. De repente cinco indígenas estaban frente a ellos. Los indígenas estaban preparados para lanzar sus flechas.

–¡Ella tiene la esmeralda! –indicó Lucas.

–¡Él tiene la esmeralda! –respondió Sara y le dio la esmeralda a Lucas.

–¡Ella tiene la esmeralda! –repitió Lucas y le dio la esmeralda a Sara.

Los indígenas miraron curiosamente los dientes largos de Sara. Sus ojos se pusieron grandes y se tocaron los dientes. Con un ritmo místico repitieron intensamente:

–Jaguar. Jaguar. Jaguar.

–¿Jaguar? –dijo Sara muy confundida.

CAPÍTULO TRECE

Destino divino

LA SELVA DE COLOMBIA

Marta, Daniel y Pepe estaban curiosos de ver por qué los indígenas no atacaron a Sara. Corrieron hacia Sara y Lucas. Vieron que los indígenas admiraron a Sara. Uno de los indígenas miró a Sara y le dijo:

–Eres el Jaguar Divino y tienes la esmeralda mágica.

–¿Yo? ¿Divina? –respondió Sara.

–Sara, los indígenas te admiran –comentó Daniel.

–Porque te pareces a un jaguar –explicó Marta.

–¿Sara no es vampira? ¡Pero me mordió el cuello! –exclamó Pepe.

–Te mordió el cuello porque Sara es un jaguar –se rió Daniel.

–¡Ridículo! Te mordió porque tú eres tonto –exclamó Lucas.

Otra vez Sara escuchó los comentarios crueles de Newport en su mente. Pensó en sus experiencias tan distintas: su comunidad la quería matar, los piratas la aceptaron y los indígenas la admiraban. Por fin Sara se sentía respetada y aceptada.

–Un jaguar es divino –confirmó Marta.

–Y aquí soy divina –respondió Sara.

–No, Sara. Es aquí –declaró Marta tocándose la cabeza –donde tú eres divina.

–Tienes razón. Yo escuché las opiniones de mí y me transformé en vampira –dijo Sara.

–No permitas que la opinión te transforme. La opinión no forma parte de tu identidad –explicó Marta.

De repente los indígenas se pusieron impacientes. Uno de los indígenas le dijo a Sara:

–Tu identidad es importante. Eres el Jaguar Divino y tienes un destino: entrar en el Templo con la esmeralda.

–Acepto mi destino –respondió Sara

–¡Vamos al Templo! –exclamó el indígena.

Todos caminaron con Sara hacia el Templo. Los indígenas solamente permitieron a Sara entrar en el Templo. Sara entró en el Templo y de inmediato estaba en un río pequeño. Mientras caminaba por el río escuchaba las opiniones crueles de Newport.

Pero cuando Sara salió del río y caminaba hacia el altar del Templo, ella no escuchaba ninguna opinión cruel. Solo escuchaba el silencio. La esmeralda era mágica, y había transformado a Sara: ahora no podía escuchar opiniones crueles. Solamente escuchaba un perfecto silencio.

Glosario

Not all verb forms appear in the glossary. Please consult the following verb charts.

Presente
camino – I walk
caminas – you walk
camina – s/he walks
caminamos – we walk
caminan – you all/they walk

quiero – I want
quieres – you want
quiere – s/he wants
queremos – we want
quieren – you all/they want

Pretérito/ Pretérito Indefinido
caminé – I walked
caminaste – you walked
caminó – s/he walked
caminamos – we walked
caminaron – you all/they walked

Imperfecto/ Pretérito Imperfecto
caminaba – I was walking
caminabas – you were walking

caminaba – s/he was walking

caminábamos – we were walking

caminaban – you all/they were walking

quería – I wanted

querías – you wanted

quería – s/he wanted

queríamos – we wanted

querían – you all/they wanted

estaba caminando – s/he was walking

estaba corriendo – s/he was running

había caminado – s/he had walked

a – to, at

a causa de – because of

abrió – s/he opened

adónde – to where

agarró – s/he grabbed

agua fresca – fresh water

ahí – there

ahora – now

al – to the, at the

al lado de – next to

algo – something

alto – tall

amigo – friend

anillo – ring

años – years

antorchas – torches

aquí – here

árbol – tree

atacar – to attack

atada – tied

ató – s/he tied

atrapar – to trap

aunque – although, even though

ayúdame – help me

ayudar – to help

bajó – s/he went down

bajo – short

balcón – balcony

barco – ship

barril – barrel

bien – O.K., well

blanca – white

boca abajo – face down

bote – boat

brazo – arm

buena – good

buscar – to search for

cabeza – head

cállate – shut up

calle – street

cálmate – calm down

caminar – to walk

cansada – tired

capitán – captain

capítulo – chapter

capturaron – they captured

Caribe – Caribbean

casa – house

causó – caused

cayó – s/he fell

chico/a – boy, girl

chupar – to suck

círculos – circles

clima – climate

cocina – kitchen

comerciante – merchant

cómo – how, what

como – like, since

con – with

confundida – confused

conmigo – with me

construido – constructed

contigo – with you

correr – to run

cortó – s/he cut

corto – short (hair)

crac – crack!

cruzar – to cross

cuando – when

cuchillo – knife

cuello – neck

dame – give me

darle – give him/her

de – of, from

de inmediato – immediately

de repente – suddenly

de sí mismo – of one's self

decidió – s/he decided

dedo – finger

defenderse – defend herself

del – of the, from the

descubrió – s/he discovered

desierta – deserted

después – after, later

detrás – behind

días – days

dices – you tell

diecisiete – 17

dientes – teeth

dijo – s/he said

dinero – money

donde – where

dormir – to sleep

dormitorio – bedroom

durante – for

durmió – s/he slept

él – he

el – the

ella – she

ellos – they

empezó – s/he started

enano – dwarf, midget

encontró – s/he found

enemigo – enemy

enojado – mad

entonces – then

entre – between, among

era – s/he was

eres – you are

escaleras – stairs

escalones – steps

esconder – to hide

escondiéndose – hiding himself

escuchar – to hear

escuché – I listened

ese/ eso – that

esmeralda – emerald

espacio – space

espada – sword

España – Spain

Española – Hispaniola

españoles – Spaniards

esposo – spouse

esta – this

estaba – s/he was

estar – to be

fantasma – ghost

fea – ugly

feliz – happy

físico – physical

flecha – arrow

flores – flowers

fortaleza – fort

frente a – in front of

fríamente – coldly

fue – s/he went, it was

fui – I went

garganta – throat

golpeó – s/he hit

gracias – thanks

graciosamente – comically

gracioso – funny

grande – big

gritar – to yell

grupo – group

gusta – it pleases

gustaba – it was pleasing

había – there was/were

había ayudado – s/he had helped

había estado – s/he had been

hablar – to talk

hace – ago

haces – are you doing

hacía – ago

hacia – towards

hamacas – hammock

hay – there is/are

hermano/a – sibling

hijo/a – son, daughter

hombre – man

horas – hours

humedad – humidity

huy – ow!

iba – s/he was going

Inglaterra – England

ir – to go

isla – island

jardín – garden

judíos – Jews

la – the

lanzaron – they launched

largo – long

las – the

le – him/her

lentamente – slowly

les – them

levantó – s/he got up

llegar – to arrive

lo – it, him

los – the

luego – later

mano – hand

más – more

matar – to kill

medio – middle

menos de – less than

mente – mind

mes – month

mí – me

mi – my

mía – mine

miedo – fear

mientras – while

mira – s/he looks

montañas – montains

mordió – s/he bit

muerte – death

muerto – dead

mueve – moves

mujer – woman

muy – very

nada – nothing

nadie – nobody

nadó – s/he swam

nariz – nose

navegó – s/he navigated, sailed

necesitaban – they needed

ninguna – no

niño – boy

no tengas miedo – don't be afraid

noche – night

norte – north

nueva – new

o – or

ojo – eye, watch out

orden – order

ordenó – s/he ordered

orilla – river bank

otra vez – again

otro – other

palmeras – palm trees

para – for, in order to

parecía – s/he seemed

parecido – similar

pasa – is happening

pasaron – they passed

pelo – hair

pensar – to think

pequeño – small

pero – but

perro – dog

pidió – s/he asked for

piel – skin

piensa – s/he thinks

pierna – leg

planeó – s/he planned

poco – a little

podía – s/he could

por – through, by way of, around, by

por favor – please

por fin – finally

por qué – why

por todas partes – every-where

porque – because

preguntó – s/he asked

primas – cousins

profundamente – deeply

puede – s/he can

puerta – door

puerto – port

puso – s/he put

que – that

qué – what

quién – who

quiere – s/he wants

razones – reasons

recibirás – you will receive

recibo – I receive

regresaron – they returned

rico – rich

río – river

rió – s/he laughed

ritmo – rhythm

robé – I robbed, stole

saber – to know

sabía – s/he knew

sacó – s/he took out

salir – to leave

salvar – to save

sangre – blood

sé – I know

se dio cuenta – s/he realized

se enojó – s/he got mad

se llamaba – s/he was called

se parecía a – s/he resembled

segundos – seconds

selva – jungle

sentía – s/he was feeling

ser – to be

si – if

sí – yes

siempre – always

sin – without

sintió – s/he felt

sobre – about

solamente – only

solo – alone, only

somos – we are

son – they are

soy – I am

su/ sus – his, her

subir – to get on, climb

suelo – ground

taironas – Tayronas

también – also

tan – so

tarde – late

te – you, yourself

te pareces – you resemble

tener – to have

tengo – I have

tiempo – time

tienes razón – you're right

tío – uncle

tocó – s/he touched

todavía – still

todo – all, everything, whole

tomar – to take

tonto – dumb

tú – you

tu/ tus – your

tuvo – s/he had

un/una – a

unos – some

va – s/he goes

vamos – we are going, let's go

vampirata – vampirate

vampiro – vampire

vanidoso – vain

varias – various

veces – times

ventana – window

ver – to see

verdad – true

verde – green

vio – s/he saw

y – and

ya – already

yo – I

Notas

Themes and places for you to explore further:

- ❖ Vampires in Rhode Island– especially Mercy Brown of Exeter, RI
- ❖ Piracy in the American Colonies– Thomas Tew of Rhode Island, Sam Bellamy of MA
- ❖ Religious tolerance and intolerance
- ❖ Colonization– Spanish conquistadors compared to New England colonists
- ❖ Economic role of port cities
- ❖ Piracy in the Caribbean
- ❖ Female pirates– Anne Bonney, Mary Read
- ❖ Amsterdam
- ❖ Spanish Inquisition
- ❖ Gómez, López– last names of Sephardic Jews in the American Colonies
- ❖ Newport as a safe haven for Jews since 1647, oldest active synagogue in North America since 1763
- ❖ Roger Williams and Anne Hutchinson– separation of church and state, religious tolerance
- ❖ Dominican Republic and Colombia
- ❖ Emeralds– Colombia produces 60% of the world's supply
- ❖ Cartagena– port city for Spanish fleet system– Tierra Firme
- ❖ Don Blas de Lezo– one eye, one arm, one-legged Spaniard who defended Cartagena against the British and American Colonists in April 1741

- Weather/geography– New England, Dominican Republic, Cartagena, jungle of Colombia
- Architecture– patios, balconies, influence of colonizing country
- Jaguars in Native American cultures
- Tayrona Indians
- Lost City– Ciudad Perdida south of Santa Marta, Colombia– fictional site of novel's Temple
- Bullying, judging others, self-esteem, self-worth, risk-taking

Agradecimiento

Many thanks to Penelope Amabile, Melanie Martin Lawhead, Alejandra Sonia Meléndez de Léon, Vilma Montealegre, Alejandro Saldaña, Ignacio Almandoz, Cristin Bleess, and to the following teachers whose students gave me valuable feedback: Michelle Pratt, Leslie Davison, and Lisa Lilley.

Students from Exeter-West Greenwich High School, Rhode Island

Photo by Audrey Imfeld

Sobre la autora

Mira Canion is an energizing presenter, author, photographer, stand-up comedienne, and high school Spanish teacher in Colorado. She has a background in political science, German, and Spanish. She is also the author of the popular, historical novellas *Piratas del Caribe y el mapa secreto*, *Rebeldes de Tejas*, *Agentes secretos y el mural de Picasso* as well as teacher's manuals. For more information, please consult her website: **www.miracanion.com**.